***ORACIÓN EN SUS ACTIVIDADES DIARIAS:
100 EJEMPLOS***

Por

Dra. Elizabeth Enoh

Oraciones Simples Con Sus Actividades Diarias: 100 Ejemplos
Derechos de la Dra. Elizabeth Enoh
2023

IMPRIMI POTEST:
Su Gracia Andrew Fuanya Nkea
Arzobispo de Bamenda, Cameroon
Agosto 2023

Reservados todos los derechos. Ninguna parte de este libro puede ser reproducida de ninguna forma sin el permiso por escrito del autor.

DEDICACIÓN

A la memoria de mi mamá, Susan Mbi Enoh, una mujer que supo hablar con Dios

RECONOCIMIENTO

Mi agradecimiento al Buen Dios por creer en mí y confiarme este trabajo. Un agradecimiento especial a María, Nuestra Santísima Madre por su ayuda constante. Y a todas mis animadoras en el cielo, estoy agradecida.

Un agradecimiento especial a los sacerdotes de mis parroquias locales, por sus grandes enseñanzas. Muchas gracias a Ingrid Berganza por su ayuda con la traducción al español de este libro. A mis editores, mentores, familiares y amigos, extiendo mi gratitud.

Y a mis hijos Michael y Raphael, gracias y no dejemos de orar.

¡Juntos haremos grandes cosas!

PREFACIO

La oración es el corazón de la espiritualidad cristiana. Es una relación más que una regla: una relación con Dios, que es una Persona y un Padre amoroso. Nadie se cansa de mirar y hablar con un amante o un amado.

Tener una conversación con alguien a quien amamos y alguien que creemos que nos ama aumenta nuestra alegría en los buenos tiempos, nos brinda consuelo en la tristeza, alivia nuestro dolor, nos da coraje cuando tenemos miedo y asegura nuestra paz en la desesperación.

No es de extrañar que San Pablo nos exhorta a "orar sin cesar" (1 Tesalonicenses 5:16). En otras palabras, acercarse continuamente a Dios. Pero, ¿cómo podría lograrse esto en medio de la apretada agenda del día?

La Dra. Elizabeth nos da una respuesta práctica a esta importante pregunta en este librito que acabas de abrir. En su forma habitual de expresar pensamientos profundos de manera sucinta, ha formado oraciones simples y cortas para casi todos *los esfuerzos humanos: comenzando desde una acción no reconocida de sostener la llave del automóvil hasta algo tan simple e imperceptible como agregar especias a la comida.*

Estas oraciones concisas tienen sus raíces en las Escrituras y podrían servir como la oración jaculatoria popular tradicional o la aspiración recomendada por la Iglesia. También podría ser otra forma de conocer y dominar nuestros textos bíblicos orando la Palabra de Dios.

De una cosa podéis estar seguros: que hacerlos parte de la rutina diaria y memorizarlos, si es posible, nos salva de la pereza y la apatía a la oración, que puede resultar de las distracciones de los artilugios o del desgaste por el enorme trabajo de los día.

Padre Matthew Nwafor

CONTENIDO

Dedicación--3
Agradecimiento--4
Prefacio--5
Introducción---11
Con las llaves del auto------------------------------------13
Poniendo los zapatos--------------------------------------14
Encendido de luces--15
Lavarse las manos---16
Cuando está cansado-------------------------------------17
Bebiendo agua--18
Cepillando tus dientes------------------------------------19
Cosechando de tu Jardín --------------------------------20
Conduciendo--21
Lavando los platos--22
Lavando la ropa--23
Cocinando---24
Ver una película---25
Incienso en la iglesia------------------------------------26
Insectos--27
De rodillas en la iglesia---------------------------------28
Mirándose en el espejo---------------------------------29
Llamando a una puerta---------------------------------30
Abriendo una puerta-------------------------------------31
Poniendo gasolina ---------------------------------------32

Al ver cualquier cruz ———————————————— *33*
Cerrando la puerta del Carro ————————— *34*
Recoger el correo ——————————————————— *35*
Dando un paseo ———————————————————— *36*
Comestibles —————————————————————————— *37*
Sacando la basura ——————————————————— *38*
Conducir por el sitio de construcción ———— *39*
Barriendo el piso ——————————————————— *40*
Tomando una Ducha ——————————————— *41*
Uso del teléfono ———————————————————— *42*
Ir a dormir ———————————————————————— *43*
Esperando en un semáforo ————————————— *44*
Esperando en un Drive-Through ——————— *45*
Quitándose las gafas ————————————————— *46*
Llevando a un bebé ——————————————————— *47*
Mirando a los pájaros ———————————————— *48*
Encendido de la estufa ———————————————— *49*
Vestirse ———————————————————————————— *50*
Sirviendo Comida ——————————————————— *51*
En el trabajo ————————————————————————— *52*
Entrar en una habitación oscura ——————— *53*
Colocación de la etiqueta con el nombre —— *54*
Caminando con un anciano ————————————— *55*
Conexión de un cargador ——————————————— *56*
Levantarse por la mañana —————————————— *57*
Haciendo la cama ——————————————————— *58*
Sosteniendo una pluma ———————————————— *59*

Ponendo especias en la comida-------------------------*60*
Con cada paso------------------------------------*61*
Usando un paraguas--------------------------------*62*
Coche en reversa---------------------------------*63*
Compartiendo regalos------------------------------*64*
Picazón en la cabeza------------------------------*65*
Poniéndose los aretes-----------------------------*66*
Arreglando el cabello------------------------------*67*
Hermosa flor-------------------------------------*68*
Lavando la cara----------------------------------*69*
En un lavado de autos-----------------------------*70*
Recoger a un niño--------------------------------*71*
Llevando una carga--------------------------------*72*
Bailando--*73*
El Amanecer-------------------------------------*74*
Limpieza de un fregadero---------------------------*75*
Pasando por un lavado de autos automatizado--------------*76*
Maquillarse-------------------------------------*77*
Dando un apretón de manos-------------------------*78*
Mirando un reloj---------------------------------*79*
Doblando ropa-----------------------------------*80*
Caminando entre árboles verdes----------------------*81*
Planchado de ropa--------------------------------*82*
Abrazando a alguien------------------------------*83*
Regando el jardín---------------------------------*84*
Enviando texto-----------------------------------*85*
Dejando las bolsas--------------------------------*86*

Sentado ---------- *87*
Riendo ---------- *88*
Aspirando la alfombra ---------- *89*
Encendido de los faros ---------- *90*
Tomando vitaminas ---------- *91*
Procesión en la Iglesia ---------- *92*
Llevando agua ---------- *93*
Mirando el reloj ---------- *94*
Aplicación de loción ---------- *95*
Eliminación de mensajes de texto antiguos ---------- *96*
Podando flores ---------- *97*
Eliminación de malezas ---------- *98*
Arrancando el coche ---------- *99*
Abriendo una billetera ---------- *100*
Calentado comida en el microondas ---------- *101*
Apoyado en una pared ---------- *102*
Poniendo cosas en una bolsa ---------- *103*
Rociando Ambientador/Perfume ---------- *104*
Abriendo persianas o ventanas ---------- *105*
Subiendo escaleras ---------- *106*
Natación ---------- *107*
Poniéndose el cinturón de seguridad ---------- *108*
Comiendo ---------- *109*
Poniendo sal en la comida ---------- *110*
Desenvolver un caramelo ---------- *111*
El fin ---------- *112*
Referencia ---------- *113*

INTRODUCCIÓN

Finalmente, aquí está una guía práctica y sencilla para orar sin cesar. La oración es comunicación con Dios. Puede ser abrumador, tratar de ponerse al día con las muchas oraciones y devociones que son todas buenas. Me encontré en este lugar difícil ya veces confuso, yendo de una oración a otra y de una línea de oración a otra solo para poder conectarme con Dios.

Fue en este cruce que me inspiré para tratar de simplificar las cosas. Este libro está escrito en un esfuerzo por mejorar nuestra vida de oración. Si eres una "Marta", preparando comidas para los demás, o si eres una "María" simplemente sentada a los pies de Jesús, este libro es para ti.

No tienes que preocuparte por no tener tiempo para las oraciones. Este libro lo alienta a hablar y escuchar a Dios mientras realiza sus actividades diarias. La oración no tiene que ser una tarea o un ritual en sí mismo.

Las oraciones de este libro son breves y sencillas y se han convertido en parte de mi rutina diaria. Te animo a que también los hagas tuyos.

Ya sea que esté en la cocina, se le anima a hablar con Dios mientras mueve las ollas y sartenes. O si usted es una mamá o un papá ocupado, que lleva a los niños a la práctica de fútbol, etc., animense a orar a través de todo esto.

No esperéis a que sea un tiempo perfecto, cuando todo está tranquilo para orar. Orar en todo momento.

Cuando la mente se consume rezando durante todo el día, el maligno se aleja de ti.

Este libro es fácil y simple de leer para todos. Las imágenes lo hacen aún más fácil.

¡El buen Dios está esperando saber de ti!

CON LAS LLAVES DEL AUTO

Guíame y dirígeme este día Señor, porque solo tú tienes la llave de mi vida, Amén. (Juan 3:16)

PONIENDO LOS ZAPATOS

Guía mis pies, oh Señor, por el camino de la paz, Amén.
(Lucas 1:79)

ENCENDIDO DE LUCES

Señor, haz que tu luz brille sobre mí (Juan 8:12)

LAVANDO LAS MANOS

Señor, lava todas mis iniquidades, límpiame de mis pecados, Amén. (Salmo 51:2)

CUANDO ESTÁ CANSADO

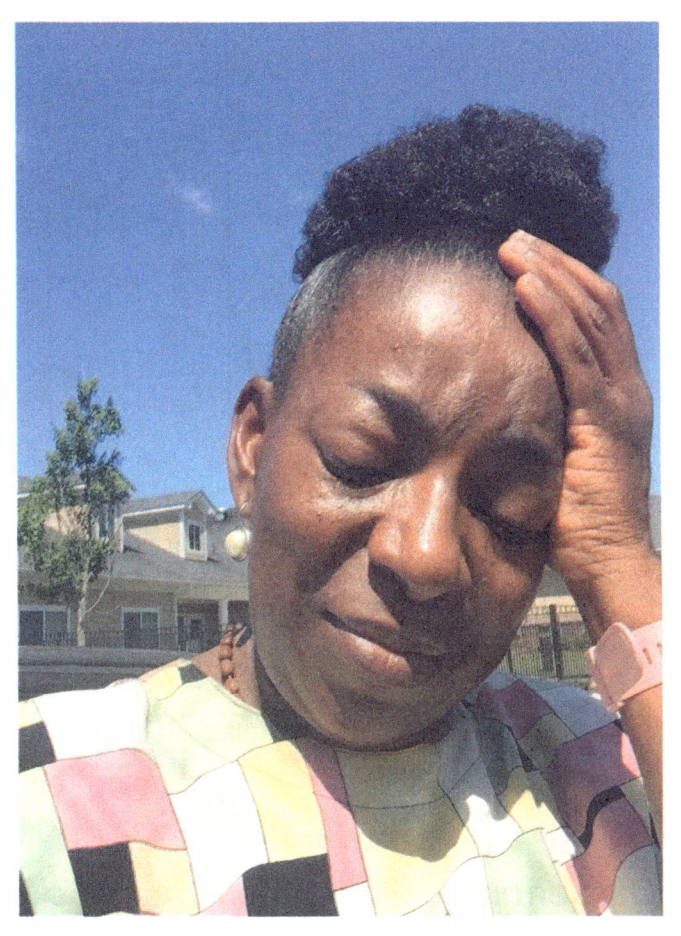

Fortaléceme, oh Señor, porque estoy débil y cansado, en el nombre de Jesús, amén. (Salmo 28:7)

BEBIENDO AGUA

Oh Señor, por favor sacia la sed de ti en mi alma, en el nombre de Jesús, Amén. (Sal 42:3)

CEPILLANDO LOS DIENTES

Querido Señor, permite que las palabras de mi boca sean aceptables para ti, en el nombre de Jesús, Amén. (Sal 19:14)

COSECHANDO DE TU JARDÍN

Querido Señor, por favor concédeme paciencia, porque confío en que cosecharé los frutos de mi trabajo si no me doy por vencido. Amén. (Sal 128:2)

CONDUCIENDO

Querido Señor, por favor guíame por los caminos correctos como lo prometiste, Amén.
(Sal 23:3)

LAVANDO PLATOS

Señor, límpiame de toda mancha de pecado, Amén. (Sal 51:7)

LAVANDO LA ROPA

Límpiame Señor de toda maldad, en el nombre de Jesús, Amén. (1 Jn 1:9)

COCINANDO

Gracias Señor por proveer siempre mi pan de cada día, Amén. (Sal 23:1)

VIENDO UNA PELÍCULA

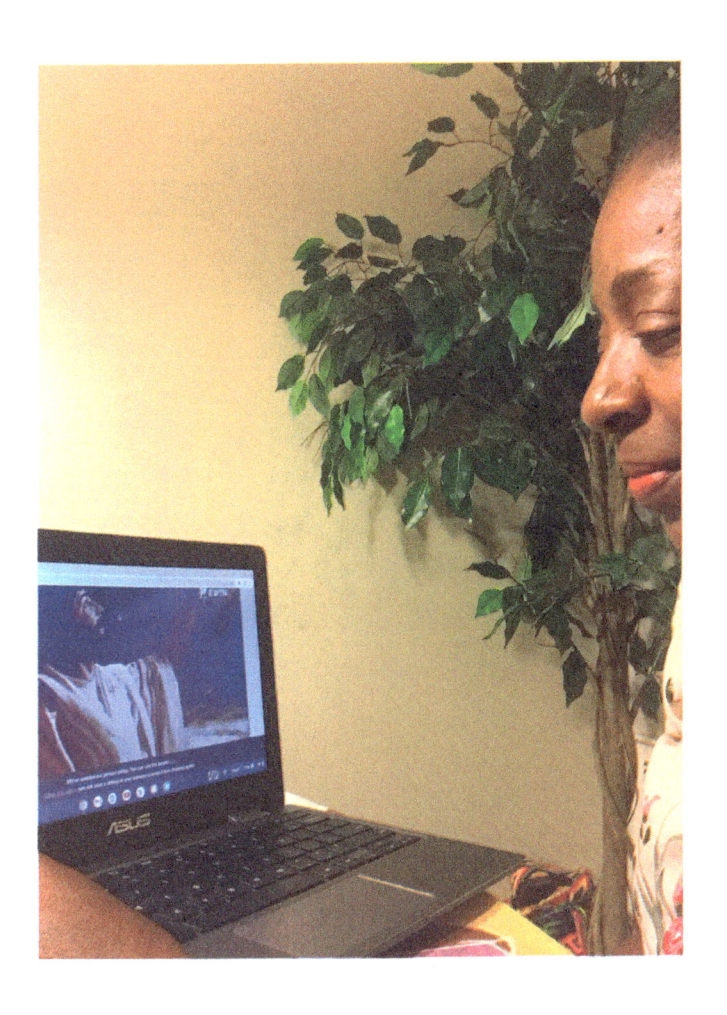

Gracias, amado Señor, por cuidarme incansablemente, Amén. (Sal 121:5)

INCIENSO EN LA IGLESIA

Querido Señor, así como sube el incienso, así también nuestras oraciones se eleven hacia ti, en el nombre de Jesús. Amén. (Marcos 11:24)

INSECTOS

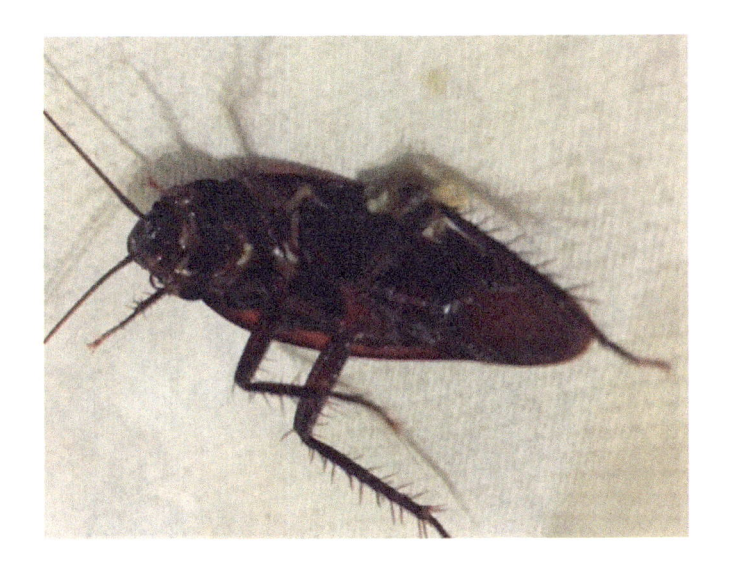

Querido Señor, mantén alejado de nosotros al maligno y sus agentes en el nombre de Jesús, Amén. (Juan 17:15)

DE RODILLAS EN LA IGLESIA

Me arrodillo ante ti, oh Señor, Jesucristo, porque ante la mención de tu nombre todos deben inclinarse, Amén. (Filipenses 2:10)

MIRÁNDOSE EN UN ESPEJO

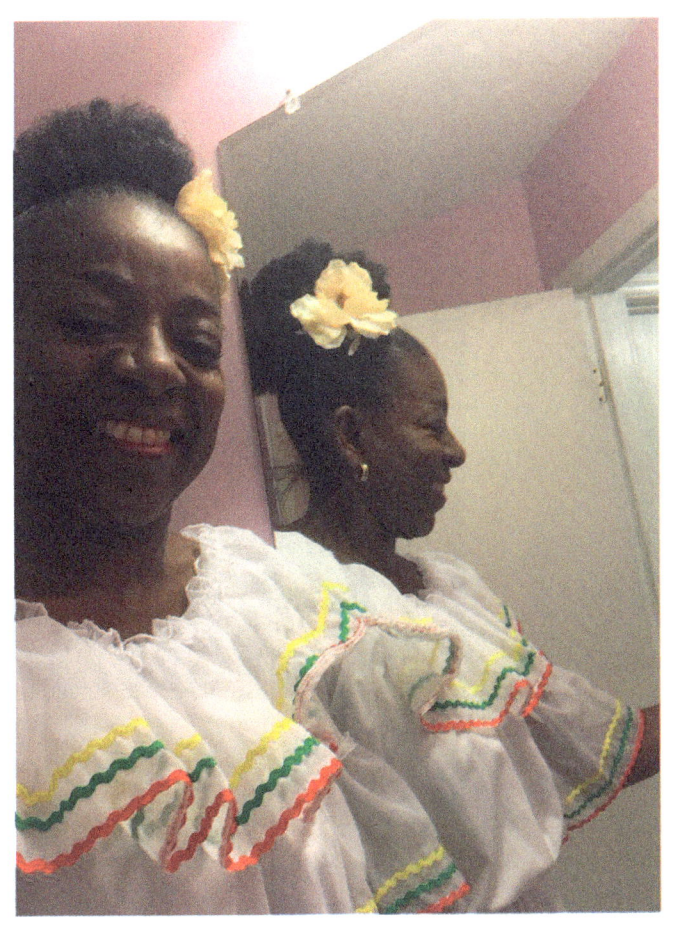

Gracias Señor porque estoy hermosa y maravillosamente hecho, en el nombre de Jesús, Amén (Salmo 139:14)

TOCANDO UNA PUERTA

Dios mío, por favor abre la puerta cuando toque como lo has prometido, Amén. (Mateo 7:8)

ABRIENDO UNA PUERTA

Dios mío, por favor entra en mi corazón y dame descanso. (Mateo 11: 28)

PONIENDO GASOLINA EN EL

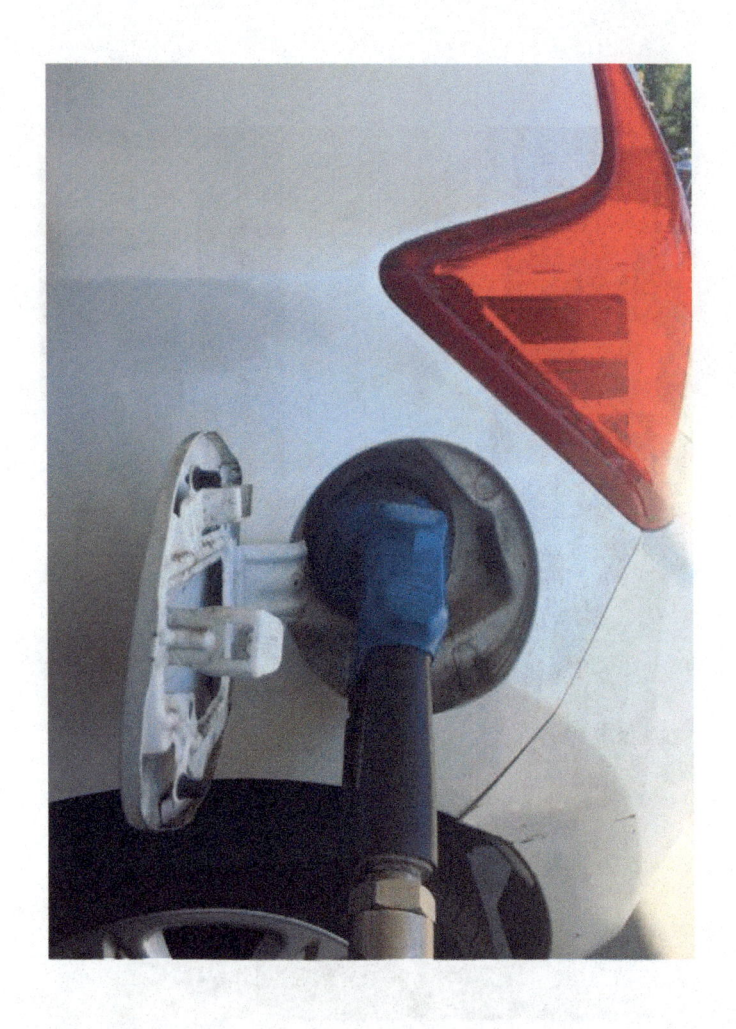

Lléname Señor con tu amor constante, en el nombre de Jesús, Amén. (Jeremías 31:3)

AL VER CUALQUIER CRUZ

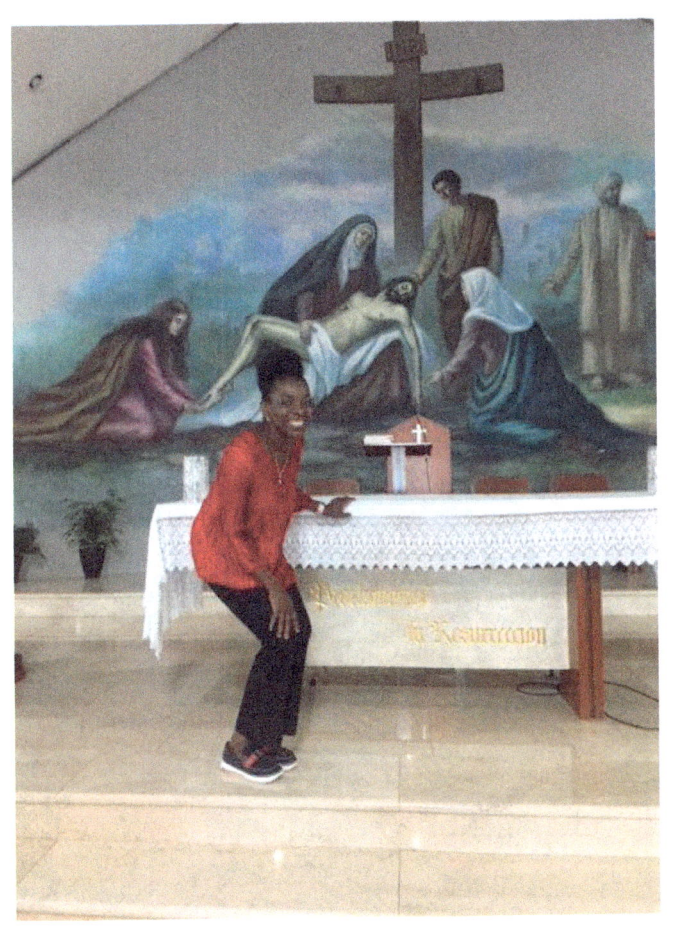

Te adoramos oh Cristo y te bendecimos, porque por tu Santa Cruz has redimido al mundo. (1 Pedro 2:24)

CERRANDO LA PUERTA DEL AUTO

Dios mío, tus planes para mí son de bien y no de mal y confío en que tienes algo mejor para mí cuando cierras una puerta, Amén. (Jeremías 29:11)

RECOGIENDO EL CORREO

Dios mío, por favor concédeme la gracia de recibir cada regalo, bueno o malo, que me envíes con alegría, en el nombre de Jesús, Amén. (Job 2:10)

DANDO UN PASEO

Señor, mientras camino por este valle de sombra de muerte, no temeré mal alguno, porque tú siempre estarás conmigo, Amén. (Sal 23:3)

COMESTIBLES

Gracias mi Señor y Buen Pastor por darme todo lo que necesito, en el nombre de Jesús, Amén.
 (Sal 23:3)

SACANDO LA BASURA

Dios mío, por favor quita la basura de mi vida y hazme puro y santo, en el nombre de Jesús, amén. (1 Corintios 5: 7)

CONDUCCIÓN POR UN SITIO EN CONSTRUCCIÓN

Dios mío, concédeme la paciencia para esperar el desarrollo de tu voluntad al igual que los constructores tienen que esperar pacientemente la finalización de un nuevo edificio, en el nombre de Jesús, Amén. (Sal 106:13)

BARRIENDO EL PISO

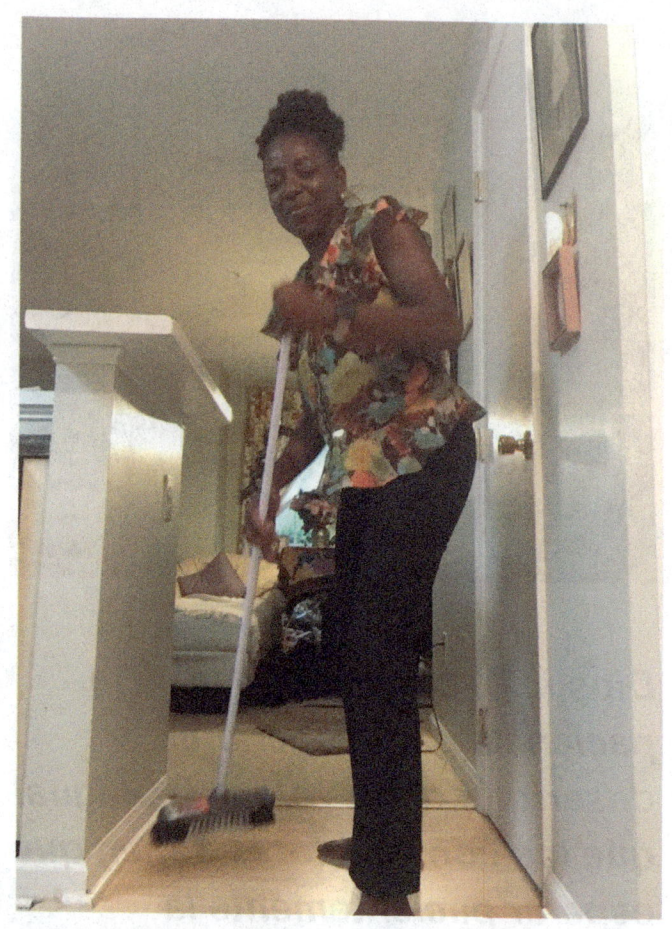

Dios mío, ten la bondad de barrer mis ofensas. Amén (Sal 50:3)

TOMANDO UNA DUCHA

Dios mío, que tu lluvia de bendiciones caiga sobre mí y mi familia, Amén. (2 Cor 9:8)

USANDO EL TELÉFONO

Dios mío, por favor no tardes, respóndeme cuando llamo, Amén. (Jeremías 33:3)

ES LA HORA DE DORMIR

Me acostaré y dormiré por ti, oh Dios, mantenme en perfecta paz. (Sal 4:8)

ESPERANDO EN UN SEMÁFORO

Dios mío, ayúdame a aferrarme a la esperanza que me das en los duros momentos de la espera. (Romanos 12:12)

ESPERANDO EN UN DRIVE-THROUGH

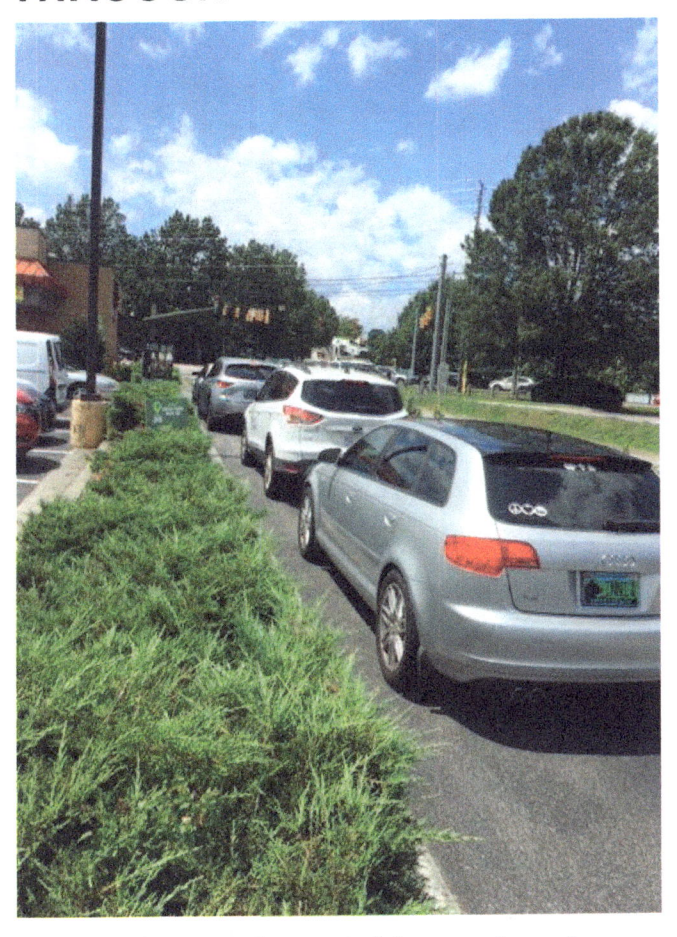

Dios mío, perdona mi impaciencia y por favor dame la paciencia que necesito para espera con esperanza y alegría, Amén. (Sal 40,1-2)

QUITÁNDOSE LAS GAFAS

Dios mío, dame ojos para ver lo que estás haciendo en mi vida. Oro por una perspectiva celestial de mi situación, no terrenal, Amén.
(Mateo 13:16)

LLEVANDO A UN BEBÉ

Dios mío, te agradezco por cuidarme. (1 Pedro 4:7)

MIRANDO A LOS PÁJAROS

Mi Dios que cuida de los pájaros también me cuidará, Amén.
(Mateo 6:26)

ENCENDIDO DE LA ESTUFA

*Dios mío, que el fuego de tu amor arda en mi corazón.
(Cantar de los Cantares 8:6)*

VESTIRSE

Oh, Señor, por favor, vísteme con tu alegría y paz, Amén.
(Col 3:12-15)

SIRVIENDO COMIDA

Te serviré oh Señor con alegría, Amén. (Sal 100:1-5)

EN EL TRABAJO

Dios mío, por favor ayúdame a ser increíble cada día y disfrutar haciendo mi trabajo, Amén. (Ecl 2:24)

ENTRAR EN UNA HABITACIÓN OSCURA

Dios mío, puedo estar en la oscuridad, pero tú eres mi luz y las tinieblas no pueden apagarse, Amén. (Juan 8:12)

COLOCACIÓN DE LA ETIQUETA CON EL NOMBRE

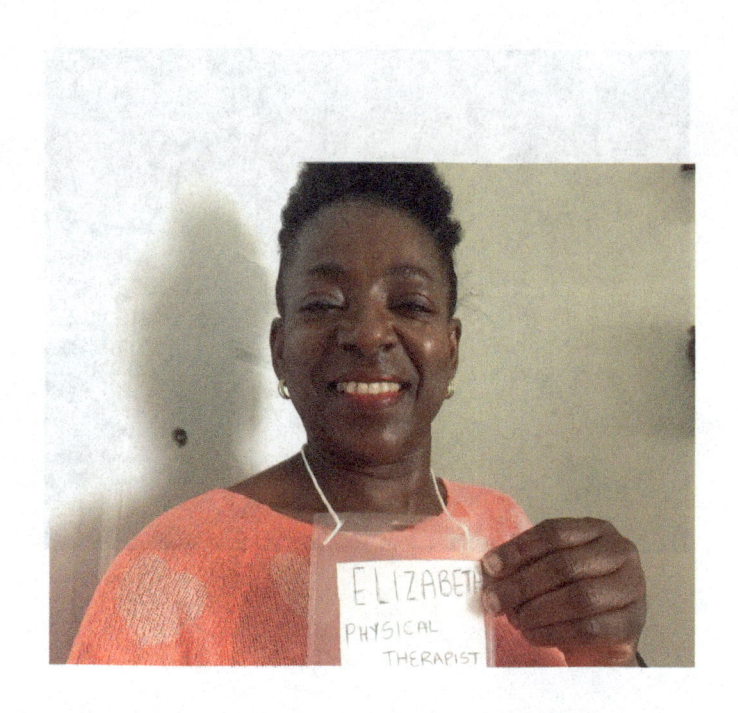

Yahweh Nissi, tú eres mi estandarte, por favor concédeme éxito en el trabajo hoy, en el nombre de Jesús, Amén. (Éxodo 17:15)

CAMINANDO CON UN ANCIANO

Dios mío, por favor acompáñame en cada paso del camino, Amén. (Mateo 28:20)

CONECTANDO UN CARGADOR

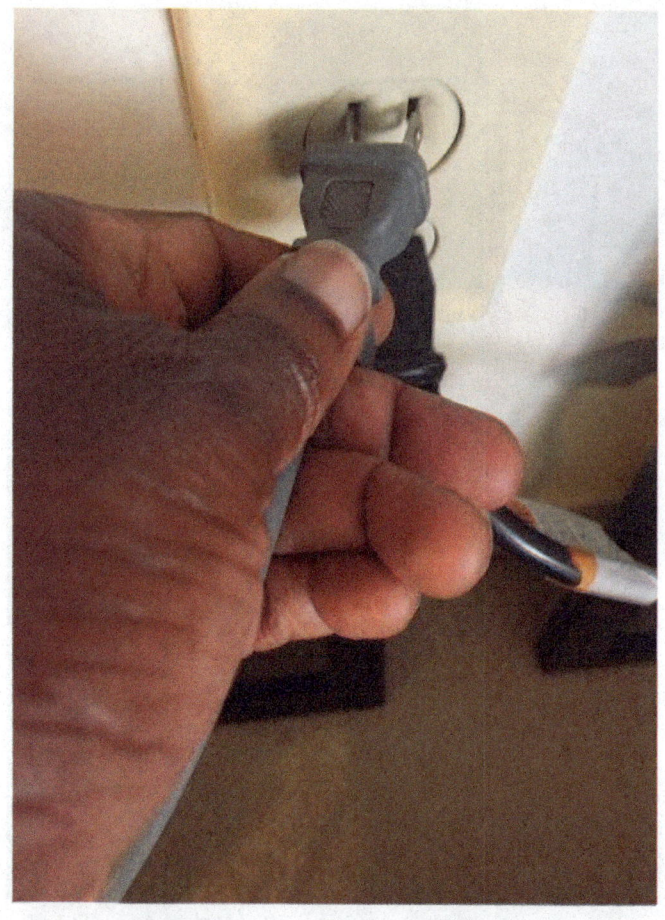

Dios mío, líbrame de toda distracción para permanecer conectado contigo, Amén. (Juan 15:4)

LEVANTARSE POR LA MAÑANA

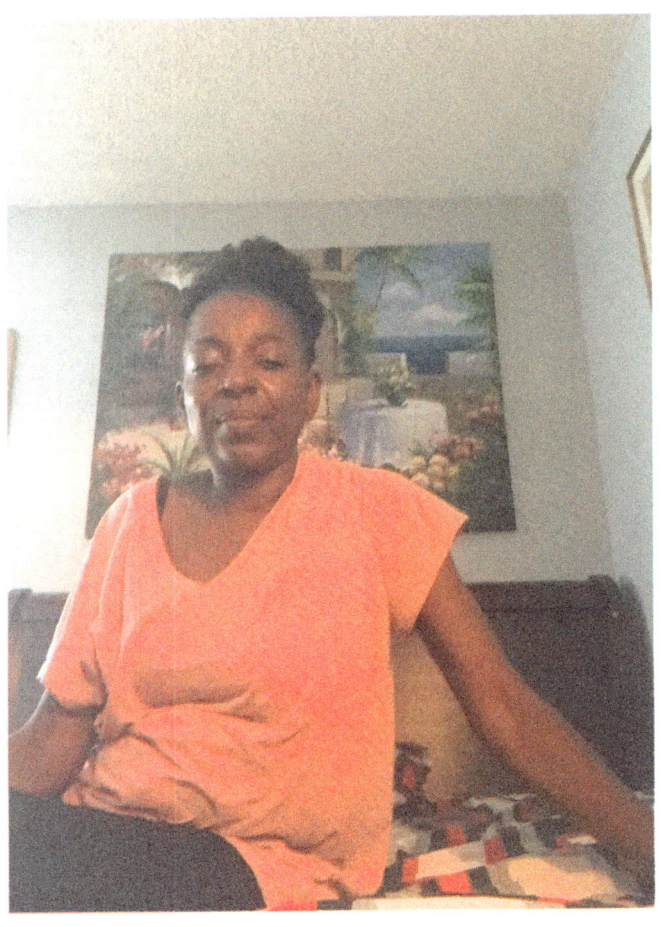

Gracias amado Señor por el regalo de otro nuevo día, me regocijaré y me alegraré en él, Amén. (Salmo 118:24)

HACIENDO LA CAMA

Dios mío, ayúdame a hacer mi cama y a hacer todo lo que me pidas este día muy bien, en el nombre de Jesús, Amén. (Proverbios 1:26-31)

SOSTENIENDO UNA PLUMA

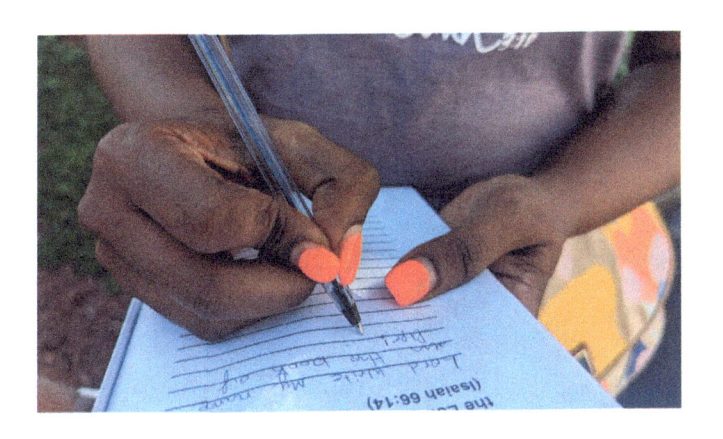

Dios mío, por favor escribe mi nombre en tu libro de la vida, Amén. (Apocalipsis 20:15)

PONIENDO ESPECIAS EN LA COMIDA

Dios mío, así como estas especias juntas hacen que la comida sepa mejor que cuando se usan individualmente, estoy seguro de que todas las cosas juntas siempre me ayudarán a bien (Rom 8:28)

CON CADA PASO

Señor mío, así como una pierna va delante de la otra, ayúdame a toma un día a la vez, Amén. (Mateo 6:25-34)

USANDO UN PARAGUAS

Dios mío, te doy gracias por cubrirme bajo la seguridad de la sombra de tus alas, Amén. (Sal 91:4)

COCHE EN REVERSA

El pasado no será útil, porque me esfuerzo hacia adelante, olvidando las cosas que quedan atrás y extendiéndome a las cosas que están delante de mí en el nombre de Jesús, Amén. (Filipenses 3: 13-14)

COMPARTIENDO REGALOS

Dame un corazón generoso, oh Señor, porque sé que la medida que doy, será la medida que recibiré, Amén. (Lucas 6:38)

PICAZÓN EN LA CABEZA

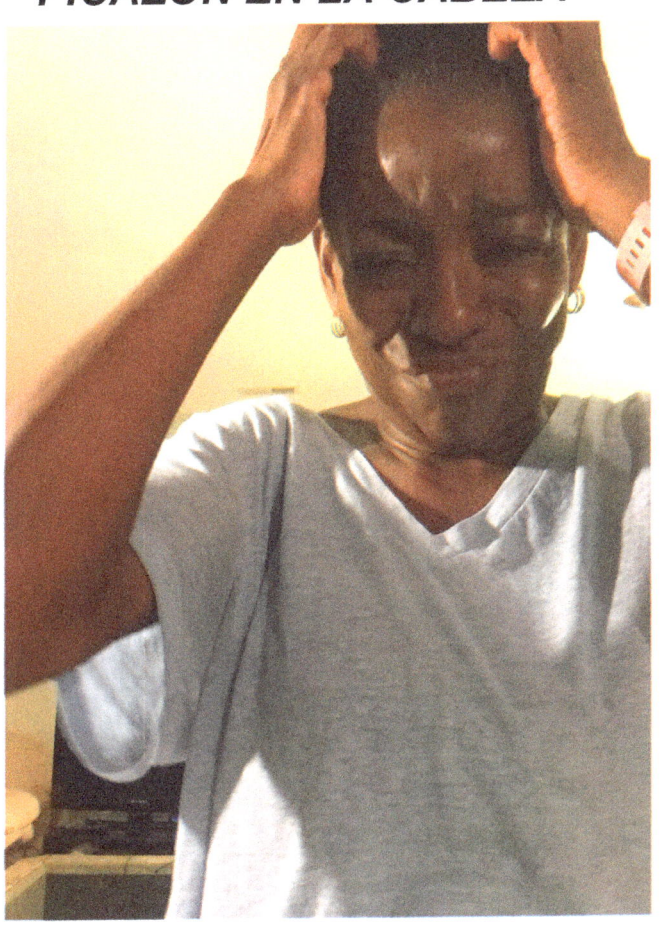

Por nada me afanaré sino con oraciones y súplicas con acción de gracias, daré a conocer mis peticiones al Señor, Amén.
(Filipenses 4:6-7)

PONIENDO LOS ARETES

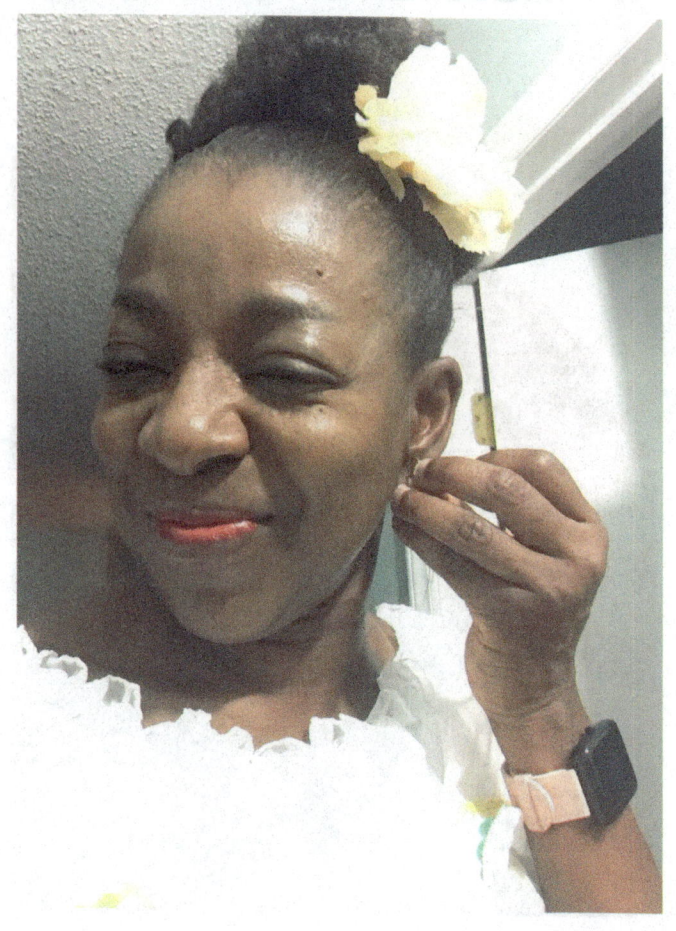

Habla Señor, que mis oídos están atentos a ti, Amén. (1 Sam 3:7-11)

HERMOSA FLOR

La hierba se seca, la flor se marchita, pero la palabra de Dios permanecerá para siempre, Amén. (Isaías 40:8)

ARREGLANDO DEL CABELLO

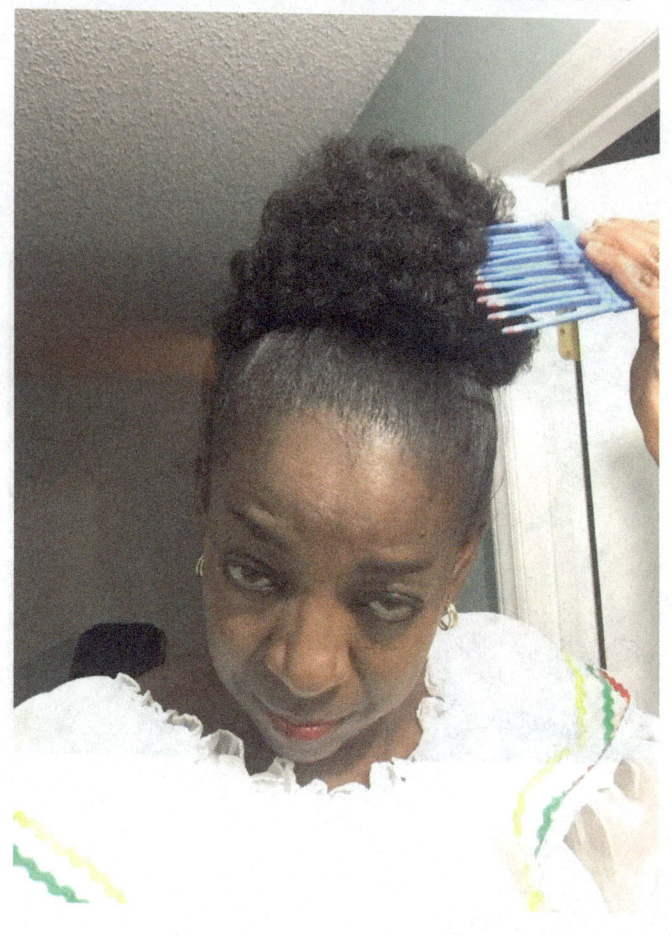

Gracias Señor, por cuidarme muy bien, Amén.
(1 Pedro 5:7)

LAVANDO LA CARA

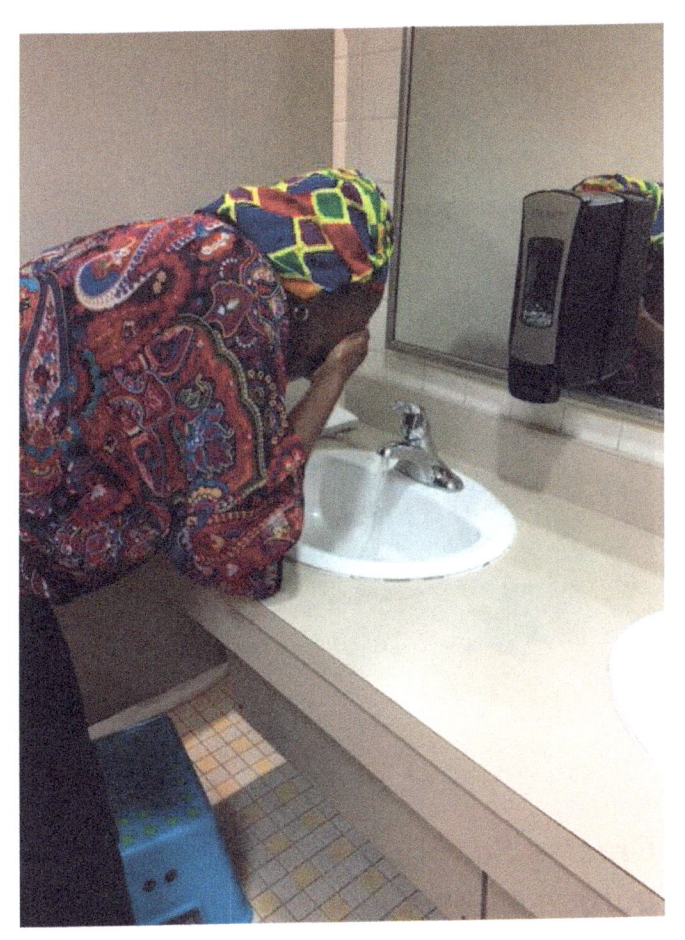

Dios mío, no escondas tu rostro de mí, en el nombre de Jesús, amén. (Sal 102:2)

EN UN LAVADO DE AUTOS

Gracias Señor por tu misericordia, porque estoy seguro de que aunque mis pecados sean como la grana, serán tan blancos como la nieve después de que me laves, Amén. (Isaías 1:18)

RECOGER A UN NIÑO

Te exaltaré, oh Señor, porque me has exaltado y no has hecho que mis enemigos se regocijen sobre mí, Amén. (Sal 30:1)

LLEVANDO UNA CARGA

Dios mío, por favor envíame una "Verónica" y un "Simón de Cirene" para que me ayuden a llevar mi pesada carga, en el nombre de Jesús, Amén. (Lucas 23:26)

BAILANDO

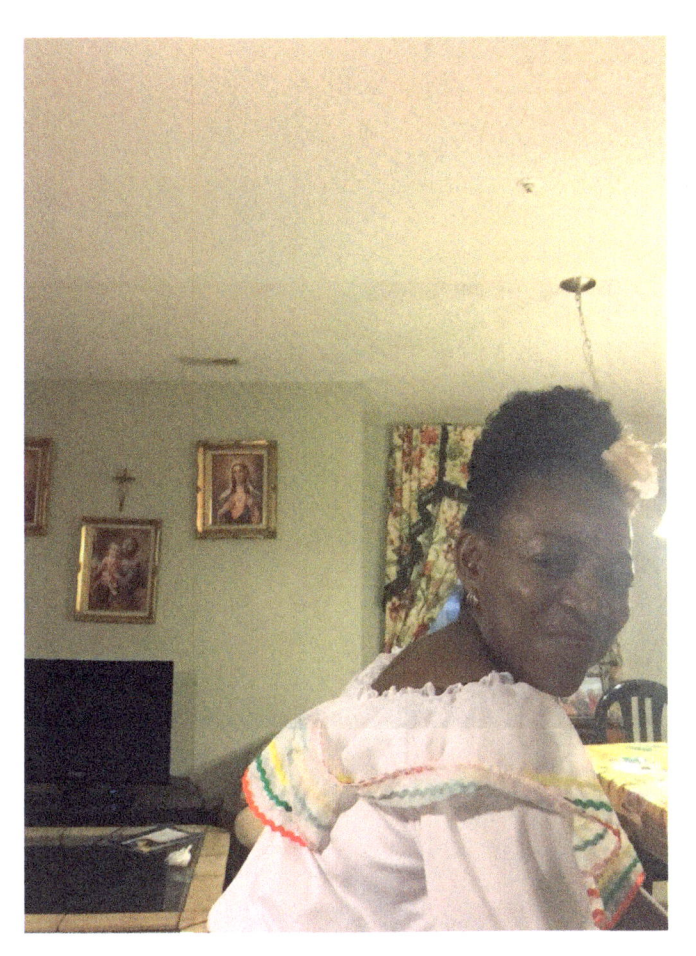

Los que siembran con lágrimas, segarán con regocijo, Amén. (Sal 126:5-6)

EL AMANECER

***Desde la salida del sol hasta su puesta, sea alabado el nombre del Señor, Amén.
(Sal 113:3)***

LIMPIEZA DE UN FREGADERO

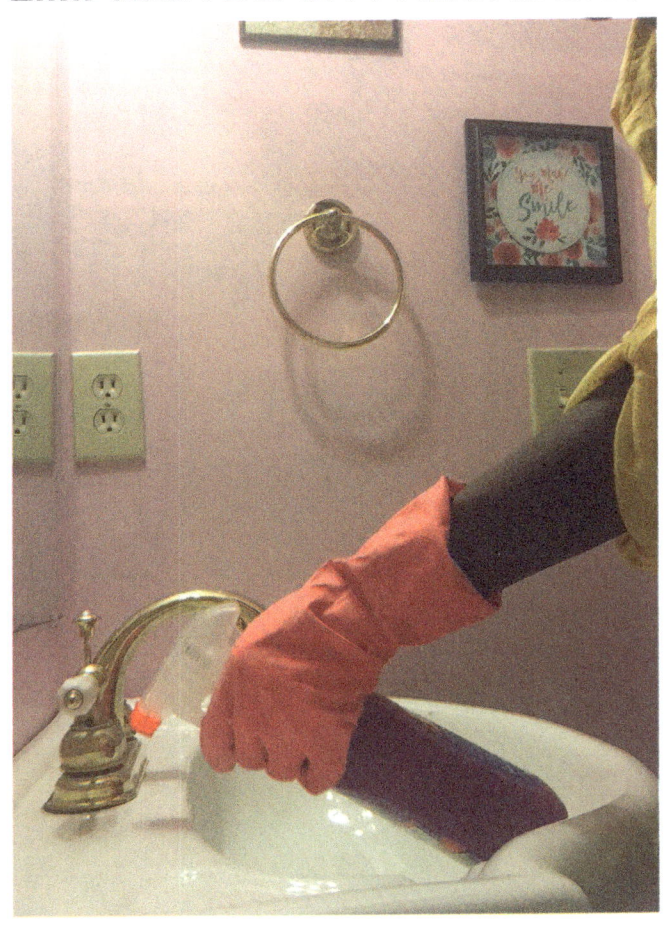

Dios mío, por favor limpia y perdona mis pecados y concédeme la gracia de perdonar a otros también, en el nombre de Jesús, Amén. (Isaías 1:18)

PASANDO POR UN LAVADO DE AUTOS AUTOMATIZADO

Así como confío en que esta máquina automática me hará avanzar, amado Señor, por favor aumenta mi confianza en ti, Amén. (Mateo 17:20-21)

MAQUILLARSE

Dios mío, tú haces todas las cosas hermosas en tu tiempo, Amén. (Ecl 3:11)

DANDO UN APRETÓN DE MANOS

Gracias Señor por el don de unos a otros, Amén. (Rom 12:5)

MIRANDO UN RELOJ

Dios mío, por favor dame paciencia para esperar tu tiempo perfecto, Amén. (2 Pedro 3:8)

DOBLAR LA ROPA

Dios mío, te doy gracias por vestirme, Amén. (Lc 12,27)

CAMINANDO POR ÁRBOLES VERDES

Plantado en la casa del Señor, mis hojas serán siempre verdes y floreceré y daré fruto aun en la vejez, Amén. (Sal 92:13-15)

PLANCHANDO LA ROPA

Dios mío, cuando la intensa presión de ese hierro candente esté quitando las arrugas de mi corazón, dame fuerzas para resistir, Amén. (Mateo 24:13)

ABRAZANDO A ALGUIEN

Estoy convencido que nada en toda la creación podrá separarnos del amor de Dios que es en Cristo Jesús, Amén. (Romanos 8:38-39)

REGANDO EL JARDIN

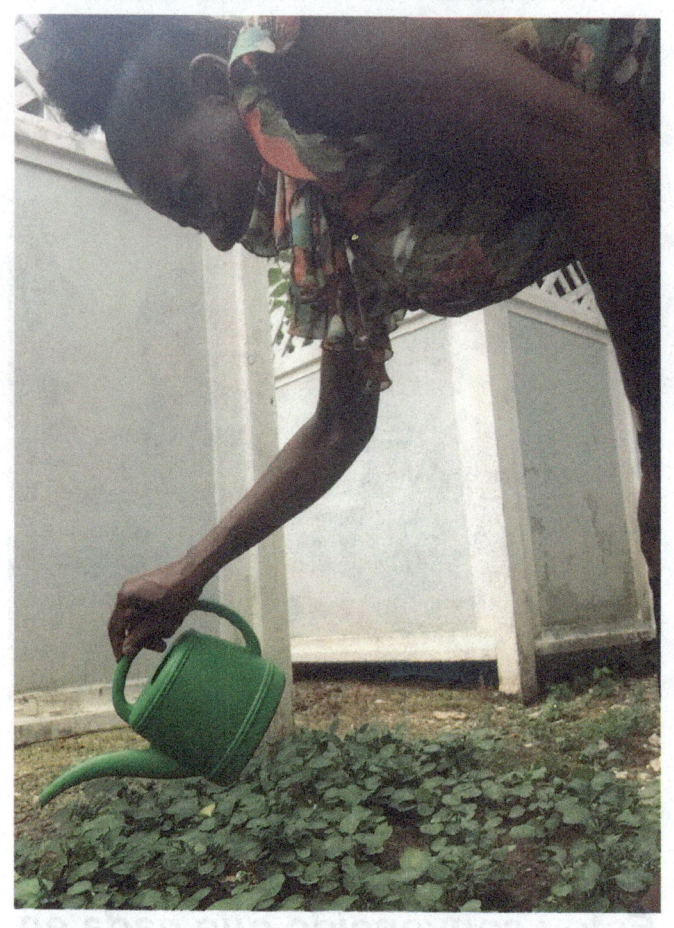

Dios mío, por favor derrama tus bendiciones sobre mi familia que he plantado y regado, pero tú, oh Señor, das el crecimiento, por Cristo nuestro Señor, Amén (1 Cor 3:6-8)

ENVIANDO TEXTO

Dios mío, que use mis dedos para bendecir y no para condenar a nadie en el nombre de Jesús, Amén. (Mateo 7:1)

DEJANDO LAS BOLSAS

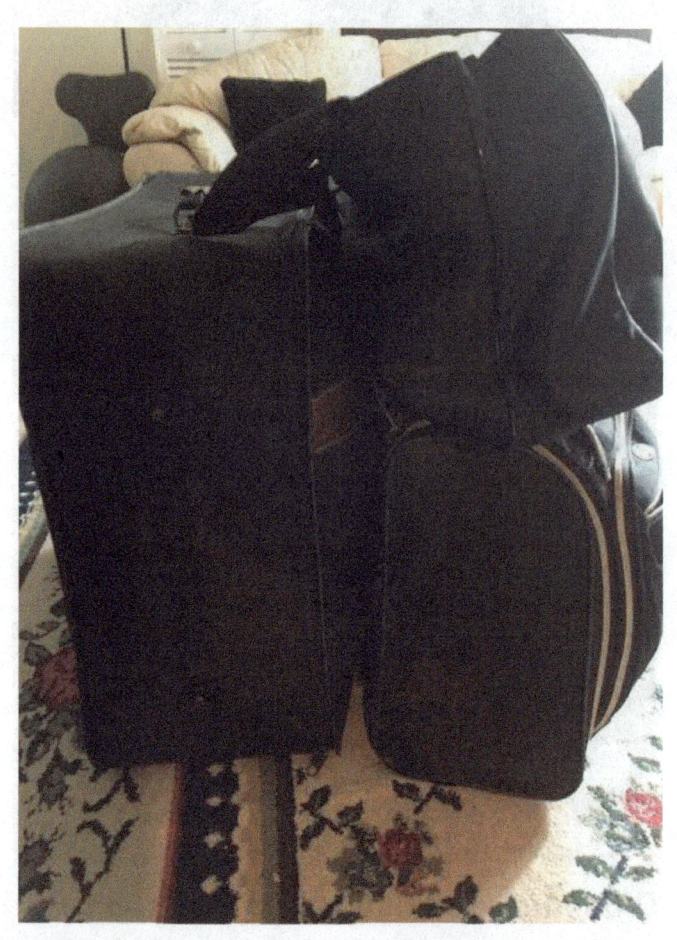

Dios mío, pongo mis cargas solo en ti, porque sé que me cuidas, Amén. (1 Pedro 5:7-10)

SENTADO

Estad quietos y sabed que yo soy Dios. (Salmo 46:10)

RIENDO

Dios mío, te agradezco por el don de la risa, por favor ayúdanos a reír juntos para agregar combustible a la llama de cada uno, Amén.
(Proverbios 17:22)

ASPIRANDO LA ALFOMBRA

Crea en mí, oh Señor, un corazón limpio en el nombre de Jesús, amén. (Salmo 51: 10-12)

ENCENDIDO DE FAROS

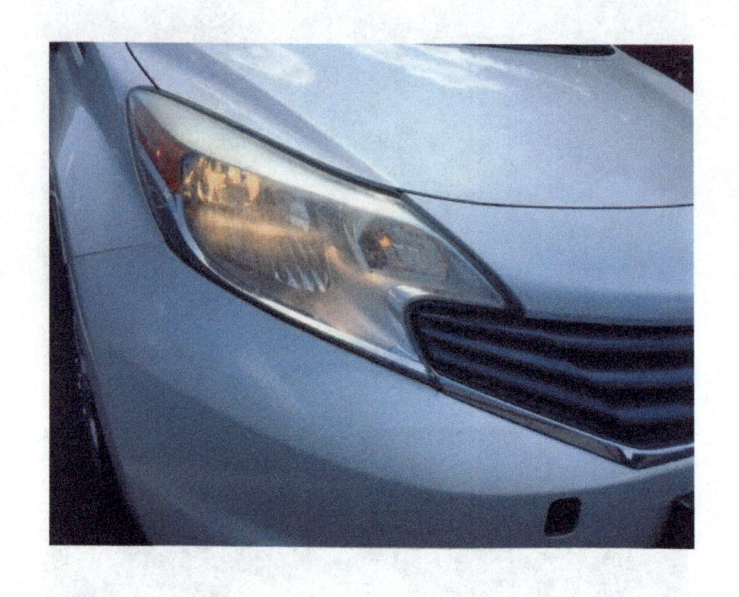

Dios mío, contigo, en ti y a través de ti, me levantaré y brillaré este día en el nombre de Jesús, amén. (Isaías 60:1)

TOMANDO VITAMINAS

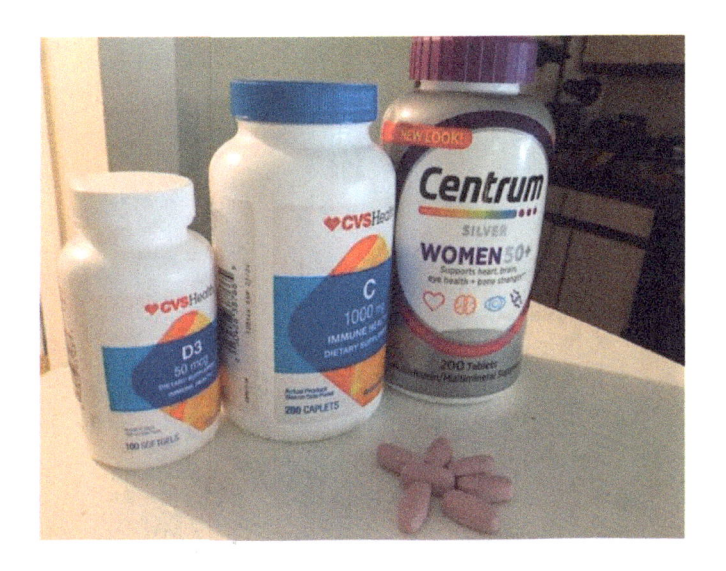

Así como tomo mis vitaminas diarias para el funcionamiento de mi cuerpo, que nunca olvide mi dosis diaria de tu palabra de vida, Amén. (Hebreos 4:12)

PROCESIÓN EN LA IGLESIA

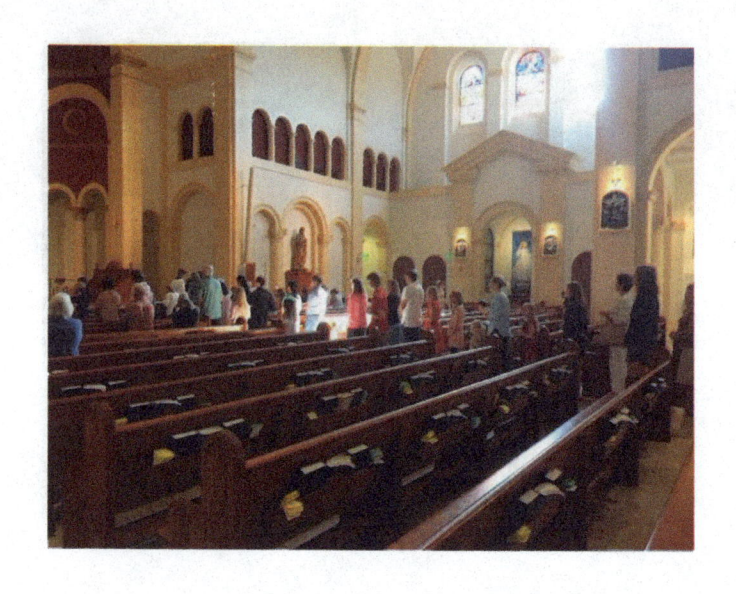

Cuando los santos vayan marchando, Señor quiero estar en el número, Amén. (1 Tes 4:16)

LLEVANDO AGUA

Con gozo sacaré agua de las fuentes de la salvación (Isaías 12:3)

MIRANDO EL RELOJ

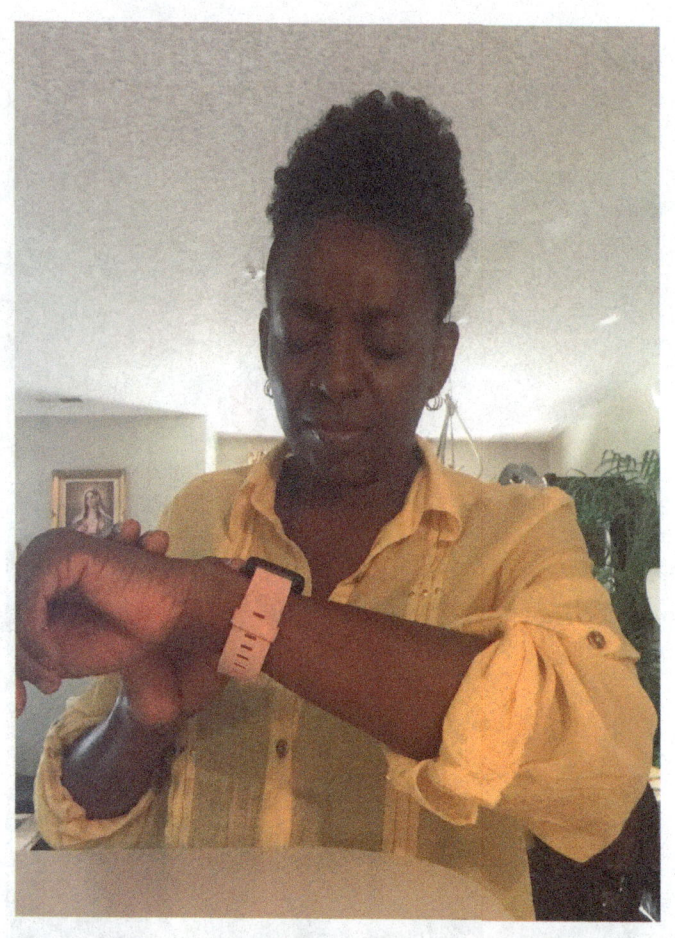

Dios mío, nunca es demasiado tarde para ti, porque las cosas que son imposibles para los hombres son posibles para ti, Amén (Lc 18,27)

APLICACIÓN DE LOCIÓN

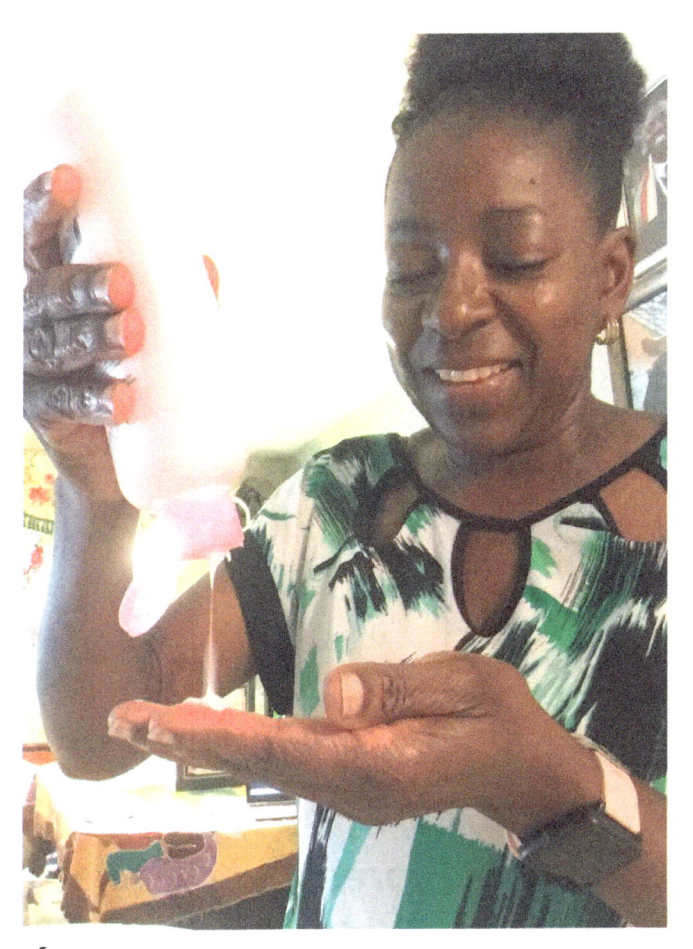

Úngeme Señor, con tu espíritu de amor, paz y alegría, Amén.
(1 Sam 16:13)

ELIMINACIÓN DE MENSAJES DE TEXTO

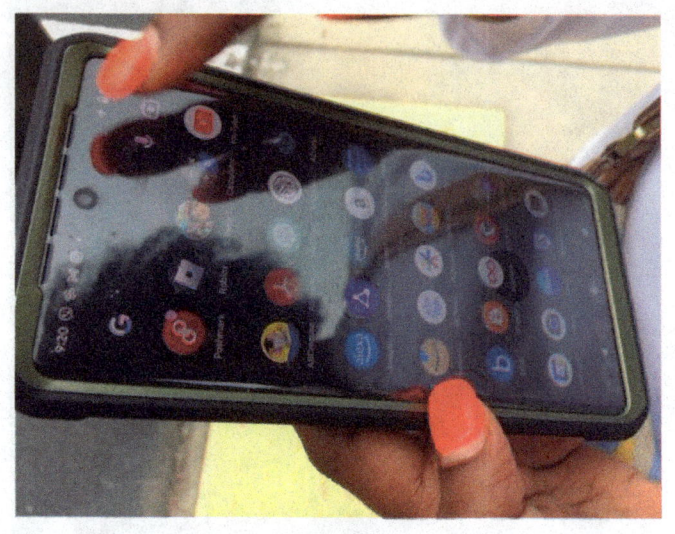

Dios mío, elijo no recordar las cosas anteriores, ayúdame a borrar todo el dolor y la negatividad de mi pasado, en el nombre de Jesús, amén. (Isaías 43: 18-19)

PODANDO DE FLORES

Dios mío, dame paciencia durante mi temporada de poda, para que pueda dar frutos más ricos y mejores en el nombre de Jesús, Amén. (Jn 15: 2)

ELIMINACIÓN DE MALEZAS

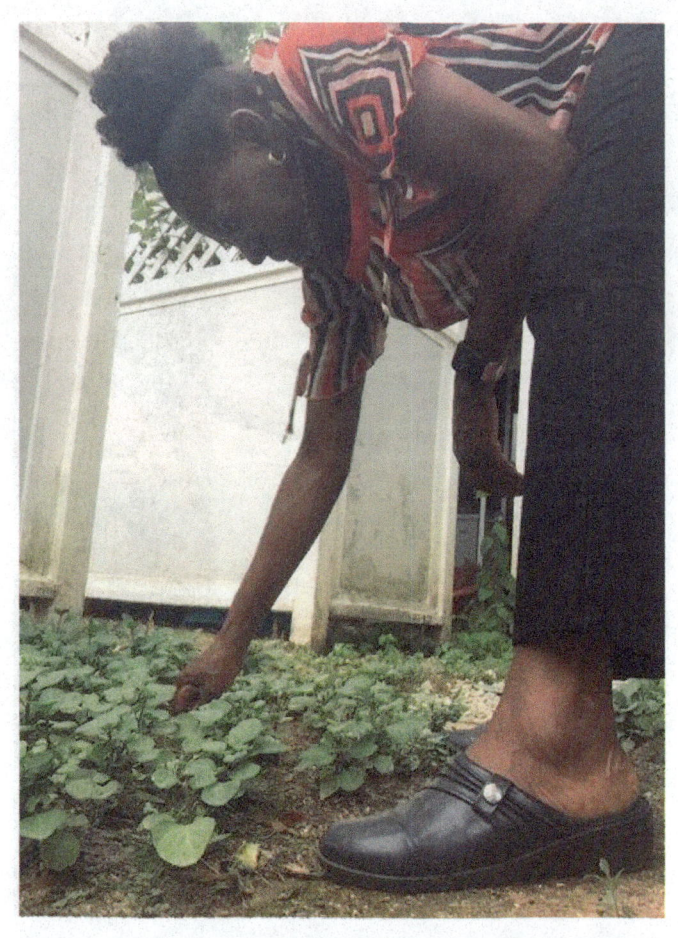

Dios mío, por favor elimina el pecado en mi vida que desplaza el espacio para que florezca en el nombre de Jesús, Amén. (Col 3:10)

ARRANCANDO EL CARRO

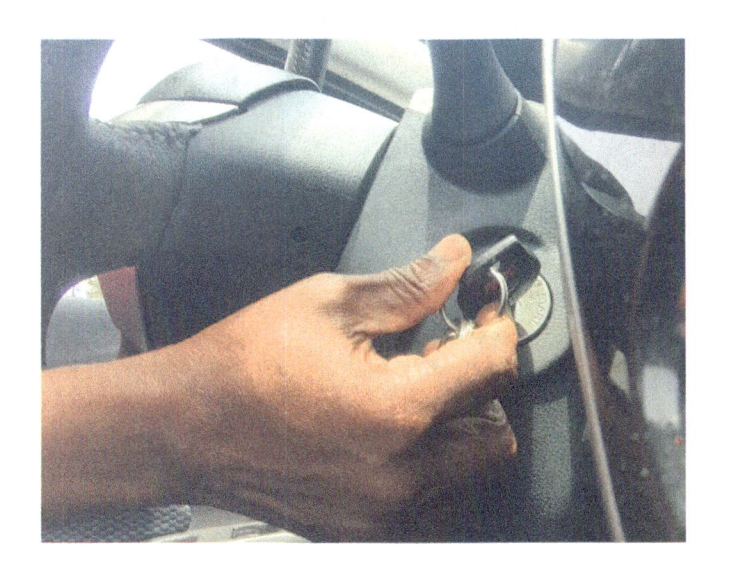

Dios mío, por favor activa el Espíritu Santo en mí, en el nombre de Jesús, Amén.
(Efesios 5:18)

ABRIENDO UNA BILLETERA

Mi Dios suplirá por completo mis necesidades conforme a sus riquezas en gloria, Amén. (Filipenses 4:12)

CALENTADO COMIDA EN EL MICROONDAS

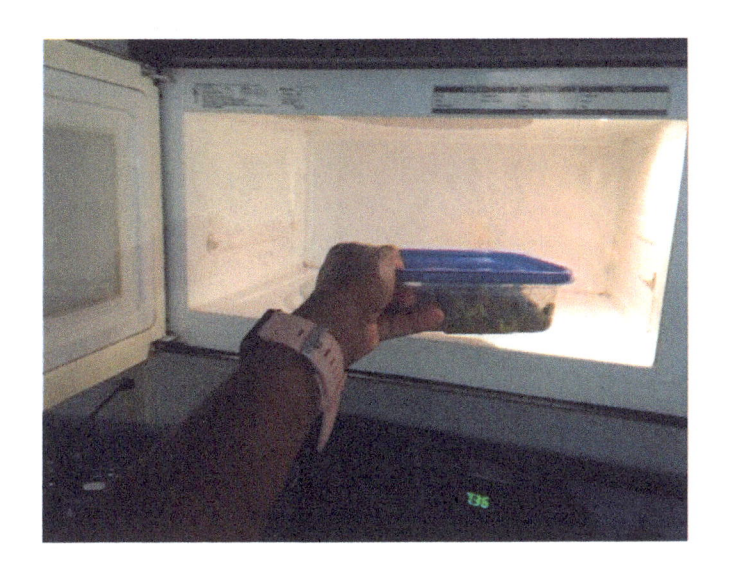

Dios mío, déjame sentir el calor de tu amor, Amén. (Isaías 41:10)

APOYADO EN UNA PARED

Me apoyo en ti Jesús porque eres Mi Roca. (Sal 62:6)

PONIENDO COSAS EN UNA BOLSA

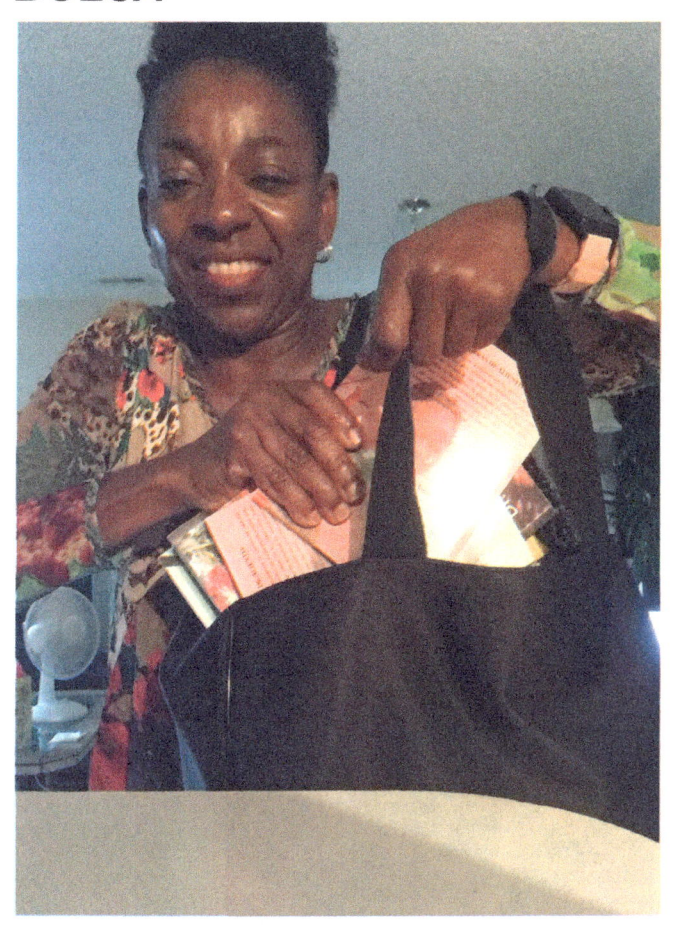

Dios mío, en ti pongo toda mi confianza, ayúdame a no apoyarme en mi propio entendimiento, Amén. (Proverbios 3:5-6)

ROCIANDO AMBIENTADOR O PERFUME

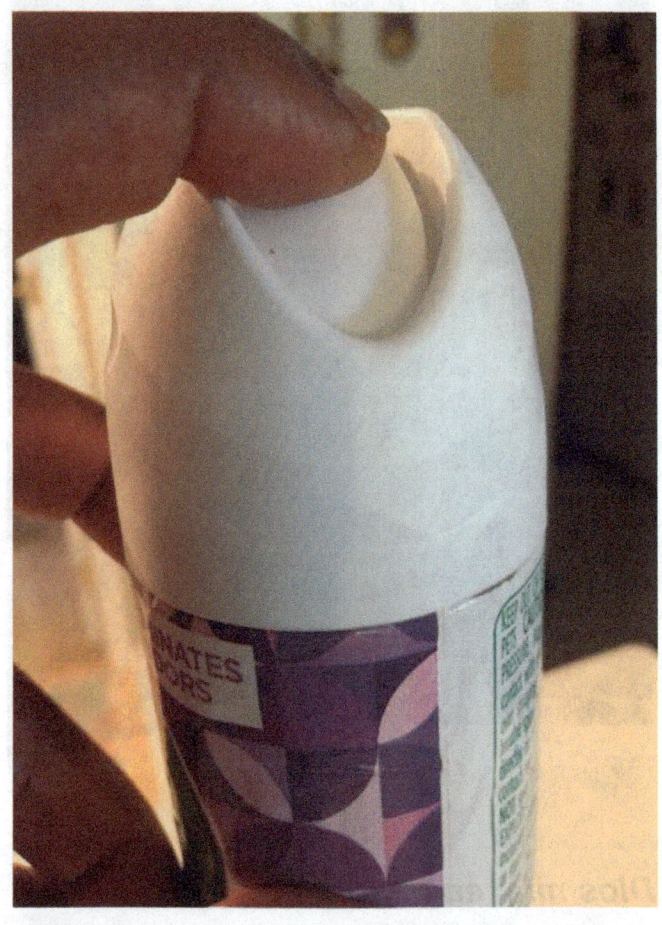

Dios mío, que mi sacrificio de alabanza sea un olor fragante, aceptos y agradables a vosotros, Amén. (Filipenses 4:18)

ABRIENDO VENTANAS O PERSIANAS

Creador del cielo y la tierra, gracias por este nuevo día y por favor abre mis ojos para ver tu belleza a mi alrededor, en el nombre de Jesús, Amén. (Salmo 146: 6)

SUBIENDO ESCALERAS

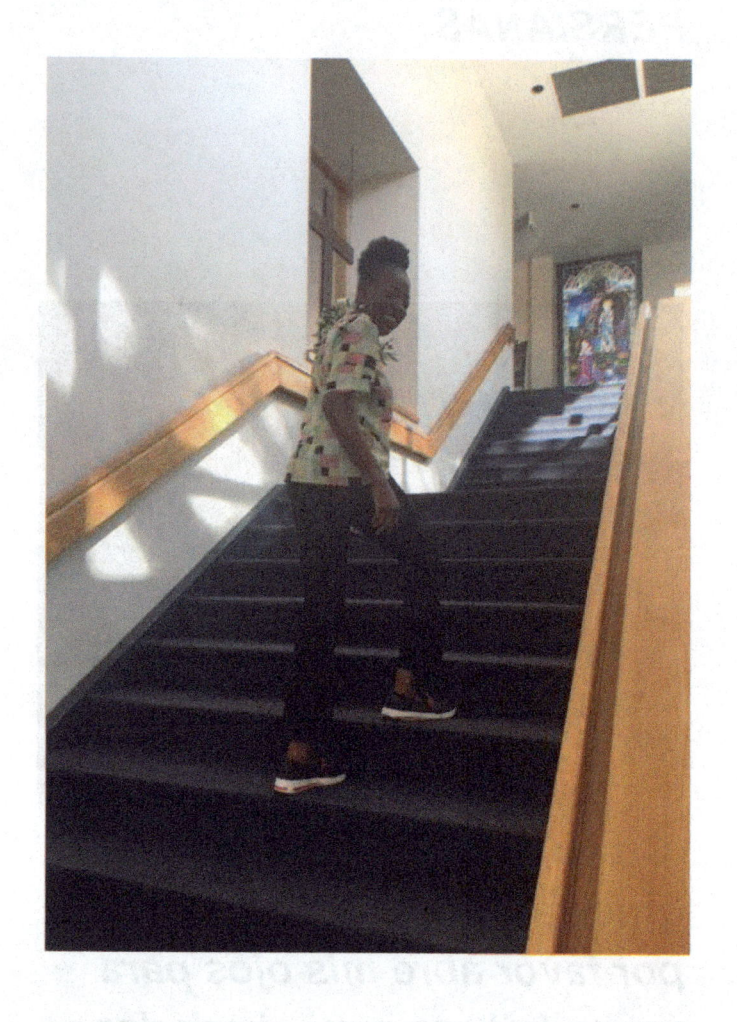

Contigo Señor, todo lo puedo, porque me das la fuerza que necesito, Amén. (Filipenses 4:13)

NATACIÓN

Dios mío, contigo a mi lado, me mantendré a flote y las duras pruebas que se presenten en mi camino, no me ahogarán, Amén. (Isaías 43:2)

PONIÉNDOSE EL CINTURÓN DE SEGURIDAD

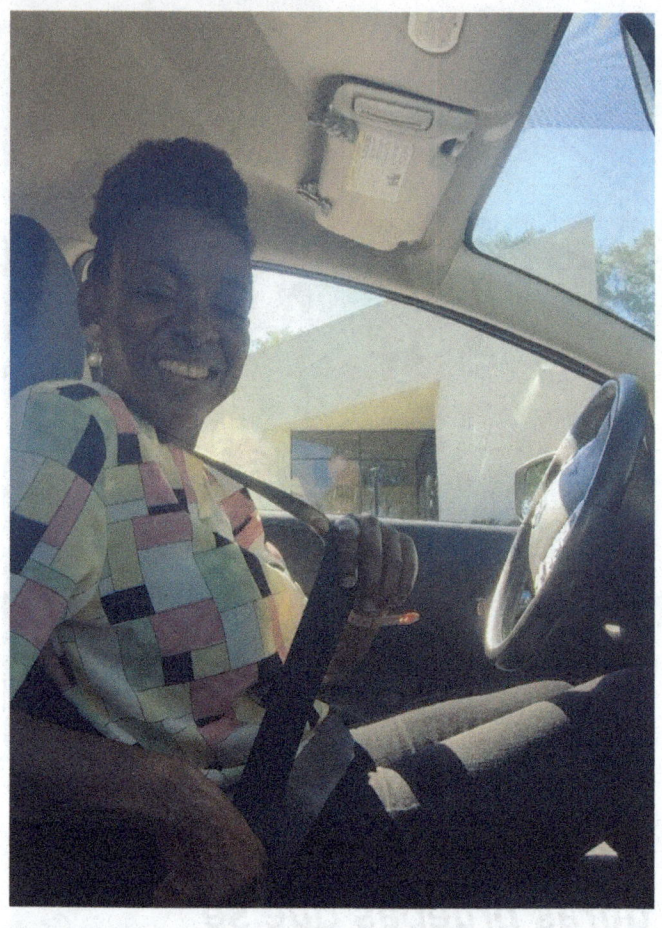

Me puse el cinturón y toda la armadura de Dios para poder estar de pie contra las asechanzas del diablo, Amén. (Efesios 6:10-20)

COMIENDO

Mi Señor, por favor aliméntame del árbol de la vida establecido en el paraíso de Dios, Amén.
(Apocalipsis 2:7)

PONIENDO SAL EN LOS ALIMENTOS

Dios mío, ayúdame a nunca perder mi salinidad en el nombre de Jesús, Amén. (Mateo 5:13)

DESENVOLVER UN CARAMELO

Dios mío, por favor abre la belleza que yace dentro de mí, en el nombre de Jesús, Amén. (1 Pedro 3:4)

EL FIN

El que comenzó una buena obra en ti seguramente la completará, en el nombre de Jesús. Amén (Filipenses 1:6)

REFERENCIA

Un intento de mejorar nuestra vida de oración hoy por el Rev. Fr. Pacomio Ebelubhuhi Okogie

OTROS LIBROS

La Dra. Elizabeth Enoh es autora de "40 Días de Palabras de Aliento" y "¿Quién Dices Que Soy? 30 Días De Reflexión" en Inglés y Francais tambien. También ha compilado los siguientes diarios inspiradores: "Tienes Méritos La Paz: 100 Días de Reflexión", "Con Alegría Sacarás Agua: 100 Días de Reflexión", "Silencio del Corazón: 100 Días de Reflexión", "Sufrir con Gracia: 100 Días de Reflexión" y "El Amor, La Única Cura: 100 días de reflexión".

Made in the USA
Columbia, SC
14 September 2023